BEI GRIN MACHT SICH IHR WISSEN BEZAHLT

- Wir veröffentlichen Ihre Hausarbeit,
  Bachelor- und Masterarbeit

- Ihr eigenes eBook und Buch -
  weltweit in allen wichtigen Shops

- Verdienen Sie an jedem Verkauf

Jetzt bei www.GRIN.com hochladen und kostenlos publizieren

Bibliografische Information der Deutschen Nationalbibliothek:

Die Deutsche Bibliothek verzeichnet diese Publikation in der Deutschen National-
bibliografie; detaillierte bibliografische Daten sind im Internet über http://dnb.d-
nb.de/ abrufbar.

Impressum:

Copyright © 2006 GRIN Verlag, Open Publishing GmbH
Druck und Bindung: Books on Demand GmbH, Norderstedt Germany
ISBN: 978-3-668-20212-2

Dieses Buch bei GRIN:

http://www.grin.com/de/e-book/320706/wie-uebt-man-objektorientiertes-program-
mieren-ueben-als-fachdidaktisches

Heiko Hemjeoltmanns

Wie übt man objektorientiertes Programmieren? Üben als fachdidaktisches Problem der Informatik

GRIN Verlag

GRIN - Your knowledge has value

Der GRIN Verlag publiziert seit 1998 wissenschaftliche Arbeiten von Studenten, Hochschullehrern und anderen Akademikern als eBook und gedrucktes Buch. Die Verlagswebsite www.grin.com ist die ideale Plattform zur Veröffentlichung von Hausarbeiten, Abschlussarbeiten, wissenschaftlichen Aufsätzen, Dissertationen und Fachbüchern.

Besuchen Sie uns im Internet:

http://www.grin.com/

http://www.facebook.com/grincom

http://www.twitter.com/grin_com

Wie übt man objektorientiertes Programmieren?

Inhaltsverzeichnis

1. Einleitung 1

2. Üben als didaktisches Problem: Schwierigkeiten und Besonderheiten bei der Gestaltung von Übungs- und Wiederholungsfragen 2

3. Üben als fachdidaktisches Problem der Informatik 8

    3.1. Mögliche Inhalte des OOM - Unterrichts 8

    3.2. Umsetzung im Unterricht 12

    3.2.1 Das Üben von Kenntnissen in der OOM 12

    3.2.2 Das Üben komplexer Fähigkeiten in der OOM 14

4. Raster zur Bewertung von Übungsaufgaben und Beispiele 17

5. Beispiel: Üben von Kenntnissen 19

6. Beispiel: Üben von komplexen Fähigkeiten 20

Literaturverzeichnis 22

Anhang 24

1. Einleitung

Nach Jahren des Schattendaseins in der didaktischen Diskussion scheint das Thema Üben und Wiederholen zunehmend an Bedeutung zu gewinnen. Diesen Schluss legen zumindest einige Veröffentlichungen der letzten Jahre nahe[1].

Tatsächlich lassen sich in Übungs-, Wiederholungs- und Anwendungsphasen auch andere gern genannte didaktische Forderungen integrieren, etwa die nach selbstgesteuerten, methodischen Arbeiten, nach Handlungs- oder Produktorientierung. Je nach Lerngruppe mag hier sogar die einzige Phase des Lernprozesses sein, in der dies möglich ist.

Dass das Thema Aufmerksamkeit verdient, ist also einleuchtend. Die Frage, wie eine Übungs- und Wiederholungsphase sinnvoll gestaltet werden kann, geht jedoch über den fachdidaktischen Horizont hinaus.

Aus diesem Grund wähle ich für diese Hausarbeit zunächst einen allgemein didaktischen Blickwinkel aus, der erste Schlussfolgerungen für die sinnvolle Gestaltung von Lern- und Übungsaufgaben für das objektorientierte Programmieren zulassen soll.[2]

Neben neueren Veröffentlichungen bezieht sich dieses Kapitel unter anderem auf die älteren Positionen H. Aeblis. Dass dies ohne große Probleme möglich ist, zeigt dabei auch, dass sich die grundlegenden Überlegungen zur Gestaltung von Übungs- und Wiederholungsphasen nicht völlig geändert haben, sondern nur wieder stärker rezipiert werden[3].

Auf dieser Grundlage soll eine eigentliche fachdidaktische Betrachtung des Unterrichtsgegenstandes erfolgen. Die hierbei gewonnenen relevanten Lerninhalte sollen nicht nur im Unterricht erarbeitet werden, sie bilden natürlich auch das Ziel der Übungsaufgaben. Darüber hinaus ist aber auch zu untersuchen, ob sich in der Übungs- und Wiederholungsphase eigene, für diese Phase spezifische Lerninhalte einbinden lassen. Den Abschluss dieses Kapitels

---

[1] Greving, H. und Paradis, L.: Üben, Wiederholen und Festigen, 5. A., Berlin 2003, Pädagogik Heft 11, 2005.
[2] Im folgenden spreche ich im Sinne von Schubert und Schwill eher von objektorientiertem Modellieren (OOM), um auch der eigentlichen Programmierung vorausgehende und folgende Phasen des Lösungsprozesses mit einzubeziehen.. Vgl. Schubert, Sigrid und Schwill, Andreas: Didaktik der Informatik, Berlin 2004, S.195
[3] Auch die gerne angeführten Thesen des Konstruktivismus lassen sich zwanglos mit dem in der Perspektive individualisierten Lernen in Übungs- und Wiederholungsphasen in Übereinstimmung bringen. Vgl. etwa Gudjons, H.: Intelligentes Üben- Methoden und Strategien. In: LOG IN Nr. 138/139 (2006), S. 14-19.

sollen konkretere Anforderungen an geeignete Übungs- und Wiederholungsphasen und deren Gestaltung bilden. Wenn möglich, soll hier eine Art Raster entwickelt werden, das schließlich die Beurteilung oder zumindest Kommentierung ausgewählter Übungsaufgaben und -formen ermöglichen soll.

2. Üben als didaktisches Problem: Schwierigkeiten und Besonderheiten bei der Gestaltung von Übungs- und Wiederholungsfragen

Beschäftigt man sich als Lehrender mit dem Üben, so kann man davon ausgehen, einen großen Problembereich der Wissensvermittlung bereits erfolgreich hinter sich gebracht zu haben: In irgendeiner Form ist bereits Wissen über das Ultrakurzzeit- und Kurzzeitgedächtnis in das Langzeitgedächtnis gelangt[4].

Die Notwendigkeit des Übens ergibt sich jedoch aus der Tatsache, dass dieses Wissen noch nicht frei verfügbar und erinnerbar ist. Vielmehr wird Verstandenes erst durch wiederholten Gebrauch so vernetzt, dass es zunehmend selbstverständlich und ohne Nachdenken verwendet werden kann. Das Gedächtnis wird dabei gerne mit einer Bibliothek verglichen: Auf einzelnen Karteikarten kann das in Büchern enthaltene Wissen verzeichnet und abgerufen werden. Sinnvoll, also auch in anderen Zusammenhängen nutzbar, wird dieses Wissen aber vor allem durch die zahlreichen Querverweise zu anderen oder verwandten Themengebieten auf der Karte. Geübtes Wissen entspräche somit einer Karteikarte mit vielen Querverweisen. Gleichzeitig entspräche solches Wissen aber auch erst dem heute gebrauchten Kompetenzbegriff – als Wissen nämlich, dass der Lernende in neuen Situationen selbstständig anwenden und übertragen kann[5].

Üben und Wiederholen hat also eine so wichtige Funktion im Lernprozess, dass diese Phase nicht ungeplant und damit häufig uneffektiv oder ermüdend, sondern möglichst sinnvoll gestaltet werden sollte, im Unterricht und außerhalb. Im Hinblick darauf sollen zunächst einige

---

[4] Diese oder ähnliche Begriffe finden sich in den meisten Lerntheorien. Vgl. etwa: Vester, Frederic: Denken, Lernen, Vergessen. 26. Auflage, München 1999. S. 55ff.
[5] Vgl.: den Kompetenzbegriff der Kultusministerkonferenz URL: http://www.kmk.org./doc/publ/handreich.pdf vom

lernpsychologische Beobachtungen aufgeführt werden, die in der Literatur gut belegt sind. Auffallend ist dabei, dass es sich hier in der Regel um aus der Praxis gewonnene Erfahrungen oder in lernpsychologischen Experimenten gewonnene Empfehlungen handelt, die zwar immer wieder kehren, aber sicherlich keinen Anspruch auf Vollständigkeit erheben können. Eine umfassende und allgemein akzeptierte Theorie des Übens steht hier wohl noch aus. Folgende Punkte lassen sich also benennen:

- Die Leistung des Übenden ist abhängig von der Anzahl der Wiederholungen.
- Man lernt z.B. ein Gedicht schneller im Zusammenhang, als <u>G</u>anzes, als in einzelnen Strophen bzw. <u>T</u>eilen (G-Methode).
- Wissen, dass aus klar abgegrenzten Teilen (beispielsweise Vokabelpaaren) besteht, lässt sich dagegen besser in Teilen üben (T-Methode).
- Die Leistung ist abhängig von der Motivation.
- Intrinsische Motivation ist wirkungsvoller als extrinsische Motivation. Die intrinsische Motivation beim Üben besteht in der Freude am Gelingen, der „Funktionslust" (Aebli), die es zu wecken und zu fördern gilt.
- Erfolg spornt an, Misserfolg lähmt.
- Eine Belohnung (intrinsisch: die Freude am Gelingen, extrinsisch: z.B. Lehrerlob) sollte möglicht direkt auf das Üben folgen, nicht erst mit zeitlicher Verzögerung.
- Mehrere verteilte Wiederholungsphasen sind besser als einmaliges intensives Wiederholen.
- Aktives Memorieren ist wirkungsvoller als passive Wiederholung (Durchlesen, Zuhören)
- Die Übung sollte möglichst bald nach der Lernphase *beginnen*.[6]

Die obenstehende Liste ist, wie gesagt, weder vollständig noch geordnet, vor allem mögliche Übungsformen ließen sich noch problemlos ergänzen. Sie beinhaltet jedoch Aussagen zu geeigneten Übungszeitpunkten und -frequenzen. Diese werden zunächst ohne weitere Prüfung übernommen. Es finden sich außerdem Aussagen zur Übungsgestaltung (z.B. G-Methode und T-

---

[6] Vgl.: Aebli, Hans: Zwölf Grundformen des Lehrens. 9.A., Stuttgart 1997, Heymann, Hans-Werner: Was macht Üben intelligent? In: Pädagogik 11 2005. S.6-10., Gudjons, Werner: Methoden und Strategien intelligenten Übens. In: Pädagogik 11 2005. S.12-15., Meyer, Hilbert: Was ist guter Unterricht? Berlin 2004.

Methode), die offensichtlich abhängig von der Art der zu übenden Inhalte sind und schließlich zur Übungsmotivation, die als intrinsische offensichtlich abhängig von der gelungen Gestaltung der Übungsphase ist. Trotz dieser noch ungeordneten Form der Liste werden von den genannten Autoren aus diesen und weiteren grundlegenden Beobachtungen weitergehende didaktische Folgerungen für die allgemeine Gestaltung von Übungsphasen gezogen, z.B. :

- Lieber viele kurze Übungslektionen als eine lange.
- Wettkampfspiele (in unteren Jahrgangsstufen vor allem) können beleben. Günstig ist es, dabei den Übungsfortschritt auch optisch darzustellen, um eine positive Rückmeldung zu erreichen (z.b. eine Ecke vorrücken)
- Die Einheiten sollten so dimensioniert sein, dass sie einerseits fehlerfrei und mit Spaß an der Sache bewältigt werden können, andererseits individuell möglichst groß sind
- Auftretende Fehler sollten gleich korrigiert werden können, um eine Verfestigung zu vermeiden (Evaluation des Übungsprozesses).
- Positive Rückmeldungen sollten sofort ermöglicht werden (Beispiel: Nach einer Klausur sollten richtige Lösungswege direkt vorgestellt werden)
- Intrinsische Übungsmotivation sollte angestrebt werden (Dabei sollte der Lehrer auf die vorhandene Motivationslage der Klasse achten: Eine bereits bestehende intrinsische Übungsmotivation kann durch extrinsische Belohnung zerstört werden.)[7]

Obwohl auch diese Überlegungen ungeordnet sind, wird bereits eines deutlich: Offensichtlich wird hier von verschiedenen Arten von Übungen ausgegangen. Einerseits von denjenigen, die eher mechanisch, beispielsweise in Form von Spielen oder Ähnlichem zu üben sind und die eher in Teilen (T-Methode) als als Ganzes geübt werden. Andererseits von komplexeren Fähigkeiten, zu denen eben auch das Gedichte lernen zählt, die besser im Zusammenhang zu lernen sind (G-Methode) und bei denen die Motivation des Übenden schwieriger durch direkte positive Rückmeldungen zu erhalten ist. Auch wenn verschiedene Einteilungsmöglichkeiten für Übungstätigkeiten existieren[8], ist diese Unterscheidung zwischen komplexeren Fähigkeiten,

---

[7] a.a.O.
[8] Gudjons unterscheide etwa das mechanische Üben und das Transferüben, ohne dabei explizit auf Unterschiede der Übungsinhalte einzugehen. Vgl. Gudjons: a.a.O. S.13f.

4

einfachen Kenntnissen und darüber hinaus eher manuellen Fertigkeiten doch in den meisten Fällen vorherrschend. Die folgende Einteilung orientiert sich an H.W. Heymann[9]:

1 Kenntnisse: Die Reproduktion unverzichtbaren Orientierungswissens wie Begriffe, Regeln, Definitionen Vokabeln ... gelingt am besten durch Verknüpfung mit positiven Emotionen, durch Erkenntnis von Sinn und durch aktives Erinnern. Auf dieser Ebene lassen sich gut die üblichen „Lern- und Arbeitstechnik"-, bzw. „Methodentraining"- Formen einsetzen. Entscheidend für die Motivation der Übenden ist eine Selbstverstärkung durch direkte Erfolgsrückmeldungen und eine variantenreiche methodische Gestaltung.

2 Fertigkeiten: Das Üben von psychomotorischen und kognitiven Fertigkeiten sollte nicht mechanisch, sondern abwechslungsreich, lebensnah und variantenreich vor sich gehen. Zur Vervollkommnung ist auf eine ausreichende mentale Beteiligung und Kontrolle zu achten.

3 Komplexe Fähigkeiten: Das Üben einer komplexen Fähigkeit (Fallstudie, Interpretation o.ä.) erfordert es, das Wesentliche, den Kern der Sache verstanden zu haben, wenn nicht bloß eine Abfolge von Teilschritte wiederholt werden soll. Zwar kann das Üben von Teilschritten ein erster Schritt sein, aber schon bei kleinen Aufgabenvariationen ist ein tiefergehendes Verständnis nötig. Schwierig beim Üben solcher Kompetenzen ist es, entsprechende positive Rückmeldungen einzuplanen, da komplexe Lösungen meist mit partiellen Misserfolgen verbunden sind.

Darüber hinaus ist zu beachten, dass gerade das Üben darauf abzielt, den Übenden zunehmend selbstständig zu machen, eben weil am Ende des Übungsprozesses ja die volle Verfügung über das erworbene Wissen stehen soll. Dieses Ziel ist wesentlich von der Motivation des Übenden und deren Erhaltung abhängig. Schließt man sich Aeblis Beobachtung an, dass diese intrinsische Übungsmotivation vor allem in der „Freude am Gelingen", an der Beherrschung der zu übenden Tätigkeit besteht, so sind die u.a. Voraussetzungen für einen selbstbestimmten Übungsprozess

---

[9] Heymann, H.W.: a.a.O., S. 7.

einleuchtend[10]. Bei ausreichender intrinsischer Motivation kann die Übung schließlich auch zunehmend selbstgesteuert und außerhalb des Unterrichts stattfinden. Dazu müssen jedoch folgende Voraussetzungen erfüllt sein:

- Die eigene intrinsische Motivation ist dem Übenden bewusst.
- Er erkennt den eigenen Übungsbedarfs.
- Er kann das eigene Übungsziel bestimmen.
- Er verfügt über mentale Fähigkeiten wie Konzentrationsfähigkeit, Visualisierungstechniken und die Fähigkeit zum bewussten und unbewussten Verarbeiten.
- Er baut zunehmend eine eigene Übungsstrategie auf, mit Lernstrategie (z.B. Auswahl angemessener Lerneinheiten) und Lernorganisation (z.B. Aufbau einer Lerngruppe).

Selbstgesteuertes Üben ist also eine methodische Kompetenz, die am Ende einer gelungenen Übungsphase stehen kann, in der der Übende einerseits die notwendige Motivation (durch überwiegend positive, auf jeden Fall aber kurzfristige Rückmeldungen) und andererseits eine realistische Einschätzung seiner inhaltlichen wie methodischen Kenntnisse und Fertigkeiten gewonnen hat. Die Fähigkeit zum selbstständigen Üben (und damit zum selbstständigen Arbeiten allgemein) wird zwar auch in anderen Lernphasen angestrebt, sie ist aber in der Übungsphase schon selbstverständlich mit angelegt und damit ein typischer Inhalt solcher Phasen.

An dieser Stelle soll nun versucht werden, aus diesen allgemeindidaktischen Überlegungen und Feststellungen erste Folgerungen für das Thema und den Einsatz im Informatik-Unterricht zu ziehen:

- Beim OOM handelt es sich um eine komplexe Fähigkeit, die geübt werden soll.
- Das Wesentliche der OOM sollte von den Schülern verstanden worden sein, um den komplexen Inhalt als Ganzes üben zu können.

---

[10] Vgl.: Aebli, H.: a.a.O., S. 343ff.

- Beim Üben komplexer Fähigkeiten ist es schwierig, die (intrinsische) Übungsmotivation zu erhalten oder überhaupt bewusst zu machen. Grundsätzlich bedarf es dazu direkter positiver Rückmeldungen durch gelungene (Teil-)tätigkeiten innerhalb des Prozesses der objektorientierten Modellierung.
- Je nach Übungsstand (inhaltlich und methodisch) der Schüler sind die Phasen des OOM so zu strukturieren und ggf. mit Hilfen zu versehen, dass sie jeweils von den Schülern als Herausforderung, aber nicht als Belastung empfunden werden.
- Da dies im Einzelfall schwierig zu planen ist, bieten sich Systeme an, in denen sich der Übende entsprechende Hilfestellungen ggf. relativ leicht (nicht leichter als der geplante Lernwiederstand !) beschaffen kann: Im Unterricht z.B. Hilfestellungen des Lehrers, außerhalb des Unterrichts evtl. E-Learning-Systeme, Übungsgruppen etc.
- Am Ende einer solchen Phase sollte eine nach Möglichkeit positive Rückmeldung eingeplant werden, um eine „Freude am Gelingen" zu ermöglichen.
- Ist dies nicht möglich oder reicht dies am Anfang des Übungsprozesses noch nicht aus, muss die Motivation auch extrinsisch gefördert werden.
- Neben der inhaltlichen Rückmeldung sollte auch der Arbeitsprozess reflektiert werden, um so das Bewusstsein der Übenden für die individuell angemessen Arbeitspakete und die individuellen methodischen Fähigkeiten zu stärken.
- Zusammen mit dem Wissen um den eigenen Übungsbedarf sollte so die Fähigkeit und Bereitschaft zum zunehmend selbstbestimmten Üben (und Handeln) aufgebaut werden.
- Dies ist umso nötiger, je weniger die Schüler über die Fähigkeit verfügen, den eigenen Arbeitsprozess so zu planen, dass er die eigene Motivation erhält.
- Auch innerhalb des komplexen Prozesse der OOM sind vermutlich Teilfähigkeiten zu üben, die eher der Ebene der Kenntnisse oder Fertigkeiten zuzuordnen sind. Für dies lassen sich andere Übungsformen planen.
- Denkbar sind hier kurze, eher mechanische Übungsformen, die ihre Motivation aus der „Freude am Gelingen" beziehen (z.B. Wettkampfspiele oder Ähnliches in der Gruppe oder am Computer).
- Grundlegende Fertigkeiten und Kenntnisse müssten zunächst sicher beherrscht werden, bevor komplexere Fähigkeiten/Kompetenzen geübt werden können.

- Grundlegende Kenntnisse lassen sich durch kurze, mechanisch ausführbare Übungen mit großer Variationsbreite oder spielerischer Wettkampfmotivation üben (z.B. Lerntechniken, Lernkarteien, Übungsprogramme ...).

3. Üben als fachdidaktisches Problem der Informatik

3.1. Mögliche Inhalte des OOM - Unterrichts

Wesentliche Inhaltsbereiche des Objektorientierten Modellierens [11] , die im folgenden aufgeführt werden, finden sich in der fachdidaktischen Literatur immer wieder. Dabei orientiert sich die Schülertätigkeit häufig an den folgenden Phasen, die auch zirkulär durchlaufen werden:

1. Analyse des Problems
2. Entwickeln einer möglichen Lösung
3. Umsetzen in eine Programmiersprache
4. Testen und Bewerten[12].

Obwohl es sich bei diesem oder ähnlichen Abläufen natürlich um sehr allgemeine Schemata handelt, die zur Beschreibung einer Vielzahl von Prozessen dienen, ist ihre Verwendung in diesem Zusammenhang doch aus unterschiedlichen Gründen sinnvoll: Einerseits bilden sie den Prozess des objektorientierten Modellierens auch außerhalb der Schule ab, andererseits entsprechen sie den üblichen Unterrichtsphasen etwa der handlungsorientierten Didaktik [13].
Das hat u.a. den Vorteil, dass etwa die Phase des Testens und Bewertens (oder der Evaluation der Handlung, der Korrektur etc.) hier bereits fest verankert ist. Da diese, wie in Kapitel 2 erwähnt, auch für den Übungsprozess unerlässlich ist, findet sich hier eine Übereinstimmung mit

---

[11] Vgl.: Schubert, Siegrid und Schwill, Andreas: Didaktik der Informatik, Berlin 2004, S. 195.
[12] a.a.O.: S. 39ff.
[13] Vgl.: Meyer, Hilbert und Jank, Werner: Didaktische Modelle, 3. A., Berlin 1994.

8

den bisherigen Folgerungen für die Übungsgestaltung. Ein weiteres Argument für die Verwendung des Ablaufschemas ist natürlich, gerade im Hinblick auf größere Projekte in selbstgesteuerten Übungsphasen, die Nähe zur Softwareentwicklung im außerschulischen Bereich.

Das soll jedoch nicht heißen, dass in jeder Übungsphase alle diese Schritte vom Übenden selbst zu durchlaufen wären.

Eine andere Frage ist jedoch, ob diese Phasen in der Aufgabenstellung vorhanden sein sollten. Wenn etwa das Verständnis für das objektorientierte Variablenkonzept oder für die Zuordnung von Datentypen in einer objektorientierten Sprache geübt werden soll, ist es dann notwendig, die Phasen eins bis vier komplett zu thematisieren?

Diese Frage soll hier mit „Ja, im Prinzip schon" beantwortet werden. Denn einerseits ist es zwar möglich, Teiltätigkeiten oder das Anwenden einfacher Kenntnisse aus dem Schema herauszulösen, andererseits werden aber die anderen Teile des Handlungsprozesses zumindest rudimentär in der Aufgabenstellung anklingen, auch wenn sie in diesem Fall nicht vom Schüler zu bewältigen sind. Dies hat seinen Grund natürlich in der schon erwähnten Nähe des Schemas zu den handlungsorientierten Unterrichts- und auch Lernphasen. Eine Anlehnung der Übungsgestaltung ist also auch aus den in der handlungsorientierten Didaktik stets angeführten Gründen (höhere Motivation durch größere Transparenz der Bedeutung von Unterrichtsinhalten) sinnvoll[14]. Im konkreten Fall sind aber auch Abweichungen von dieser prinzipiellen Forderung unvermeidlich. Gerade am Anfang der Beschäftigung mit Objektorientierung wird beispielsweise die Phase der Umsetzung in eine Programmiersprache gegenüber der Analyse eines realen Problems unnötig sein. Hier sind eher andere Umsetzungen des Lösungsansatzes sinnvoll, beispielsweise Diagramme, Skizzen oder normal sprachliche Beschreibungen.

Tatsächlich lassen sich den einzelnen Phasen auch typische Inhalte des objektorientierten Unterrichts zuordnen[15]:

---

[14] Dies gilt, wie in der Einleitung bereits erwähnt, meiner Meinung nach gerade für die Übungs- und Anwendungsphase. In der Erarbeitungsphase ist zwar bestenfalls die Motivation zur selbstständigen Bewältigung der Aufgabe vorhanden, seltener aber kann diese ohne strukturierte Vermittlung (bis zur Darbietung) des Lerninhaltes erhalten bleiben.

[15] Vgl.: Hubwieser, Peter: Didaktik der Informatik. Grundlagern, Konzepte, Beispiele. 2 A., Berlin 2001; Humbert, Ludger: Didaktik der Informatik, Berlin 2005, Schwill/Schubert: Didaktik der Informatik, Berlin 2004.

Analyse:

- Objekt/Klasse
- objektorientiertes Paradigma und prozedurales Paradigma
- Abstraktion

Lösungsvorschlag:

- Abstraktion von Klassen, Klassenentwurf
- Zerlegung, Modularisierung von Klassen
- Hierarchisierung von Klassen
- Wiederverwendbarkeit von Klassen
- Vererbung
- Geheimnisprinzip
- Kapselung
- Algorithmisierung: Nebenläufigkeit, Iteration, Rekursion
- Assoziation

Programmierung:

- Datentypen
- Methoden
- Nachrichten, Kooperation der Objekte
- Iteration, Rekursion

Testen und Bewerten

- Evaluation, Verifikation, Komplexität, Worst case

Diese Inhalte sind wiederum verschiedenen Komplexitätsstufen zuzuordnen, wobei hier zunächst die didaktische Komplexität angesprochen werden soll, wie sie Schwill in seiner Übertragung des Konzeptes der „fundamentalen Ideen" auf die Informatik für den Bereich der Objektorientierung aufführt[16] und zu denen die folgenden Inhalte gehören:

- objektorientiertes Paradigma und prozedurales Paradigma, Abstraktion, Wiederverwendbarkeit
- Algorithmisierung: Nebenläufigkeit, Iteration, Rekursion,
- Evaluation: Verifikation, Komplexität, Worst case
- Zerlegung: Modularisierung, Geheimnisprinzip, Hierarchisierung insgesamt

Da für das Üben dieser Ideen oder immer wiederkehrenden Prinzipien sicherlich zunächst ein grundlegendes Verständnis derselben notwendig ist, ordne ich diese im allgemeindidaktischen Sinne dem Bereich der zu übenden komplexen Fähigkeiten zu (Vgl. Kap. 2.)

Fundamentale Ideen, nach Schwill, haben aber auch eine Ebene die Kenntnisse benötigen: Sicherlich ist es notwendig, das Prinzip der Modularisierung und Zerlegung verstanden zu haben, um die Beziehung zwischen Objekt und Klasse zu verstehen. Andererseits ist das prinzipielle Verständnis für die Lösung komplexer Aufgaben nicht ausreichend, wenn nicht Kenntnisse über abstrakte und andere Klassen hinzukommen und deren Verwendung an konkreten Beispielen geübt wird.

mögliche Kenntnisse
- Wichtige Klassen
- Datenstrukturen
- Kontrollstrukturen
- Syntax
- Methoden
- Vererbung
- Kapselung

Auf diese Weise lassen sich diese und weitere Inhalte des objektorientierten Modellierens den verschiedenen Ebenen von Übungsaufgaben zuordnen. Aufbauend auf dieser Zuordnung soll nun

---

[16] Schwill: Fundamentale Ideen der Informatik.

versuch werden, die zunächst gezogenen Konsequenzen für die Gestaltung von Übungssequenzen unter diesem Gesichtspunkt zu konkretisieren.

3.2. Umsetzung im Unterricht

Üben im Informatikunterricht ist prinzipiell in fast allen Formen möglich, die auch in anderen Fachdidaktiken zur Verfügung stehen. Typisch sind vermutlich Programmiertätigkeiten oder Wiederholungsfragen, aber auch die Durchführung von größeren Programmierprojekten, die auch Analyse, Entwurf und Evaluation enthalten. Im ersten Fall handelt es sich vorrangig um Einzeltätigkeiten, im zweiten Fall ist auch ein Arbeiten zu mehreren denkbar, da Vergleichen und Bewerten keine typische Einzeltätigkeit sein muss.

3.2.1 Das Üben von Kenntnissen in der OOM

Zunächst sollen noch einmal die aus allgemeindidaktischer Sicht gewonnenen Anforderungen an das Üben von Kenntnissen aufgeführt werden:

- Geeignet sind kurze, eher mechanische Übungsformen (Lerntechniken).
- Diese sollten abwechslungsreich gestaltet sein.
- Übungsphasen sollten kurz sein.
- Sie sollten dafür öfter wiederholt werden.
- Sie sollten möglichst bald nach der Lernphase beginnen.
- Sie sollten durch gelungene Ausführung die eigene Übungsmotivation steigern.
- Sie sollten daher direkte Rückmeldungen beinhalten.
- Bei dieser einfachen Übungsform sind die Schüler schneller dazu in der Lage, Tempo und Komplexität der Aufgaben selbst zu bestimmen.

Außerdem wurde auf die Bedeutung aktiven Memorierens gegenüber passiver Wiederholung hingewiesen. Aus der fachdidaktischen Perspektive kann nun zunächst ergänzt werden, dass Aufgabenstellungen möglichst die konkrete Handlungsperspektive (die Phasen des OOM) aufzeigen sollte.

Der in vielen Fällen abstrakte Inhalt verlangt zudem eine möglichst konkret fassliche Darstellung, etwa in Form geeigneter Visualisierungen oder Beispiele.

Betrachtet man zusätzlich die im Rahmen der Objektorientierung zu übenden Kenntnisse, so bieten sich verschiedene geeignete Aufgabentypen an. Da sich Aufgaben in vielerlei Hinsicht variieren lassen, sollen zudem einige wichtige Variationsmöglichkeiten angesprochen werden. Aus praktischer Sicht bieten sich hier die jeweils verwendbaren Medien, Methoden und Sozialformen an. Auch sich anbietende Vereinfachungen bzw. Hilfestellungen für unterschiedliche Lernniveaus werden aufgeführt. Die Auflistung ist dabei selbstverständlich nur als eine „Positivliste", nicht aber als vollständig zu verstehen.

Aufgabentypen:

In Frage kommen Aufgabenstellungen, in denen kurze Programmfragmente zu ergänzen sind, Zuordnungsaufgaben (z.B. für Datentypen), der Entwurf von einfachen Klassenhierarchien, aber auch Wissensabfragen/Tests, Mnemotechniken oder Ähnliches, bei denen der Übende sein eigenes Tempo bestimmen kann. Alle diese Aufgabentypen lassen sich in kurze Einheiten unterteilen und mit einer direkten Rückmeldung zum Übungserfolg ausstatten.

Medien

Als Medien bieten sich natürlich der Rechner, aber auch geeignete gegenständliche Visualisierungen an (Abstraktionsreduktion). Am Rechner lassen sich auch abwechslungsreiche spielerische Übungsformen gut realisieren, Vergleichbares ist prinzipiell aber auch mit anderen Medien möglich, beispielweise mit einem Lernwürfel oder einer Lernkartei. Bei fehlender Programmiererfahrung können diese Medien zudem als Hilfestellung für einen Einstieg in die abstrakte Denkweise der Informatik dienen(etwa wenn nicht prozedurale Programmierung zuerst unterrichtet wurde).

Hilfestellungen für einen selbstgestalteten Übungsprozess

Um komplexere Aufgabenstellungen zu vereinfachen, bieten sich die Verwendung von entsprechenden Entwicklungsumgebungen für objektorientierte Sprachen und ebenfalls geeignete Visualisierungen an (UML oder Ereignisdiagramme zur Darstellung zeitlicher Abläufe[17]).

Geeignete Sozialformen

Die oben skizzierten Übungsaufgaben bedingen in der Regel eine Einzelarbeit, da die ausgeführten Tätigkeiten wie Programmieren, Zuordnen, Beantworten etc. zu mehreren weder erfolgreicher ausgeführt werden, noch zu einem anderwertigen Lernerfolg führen können.

3.2.2 Das Üben komplexer Fähigkeiten in der OOM

Für das Üben komplexer Fähigkeiten sind aus allgemeindidaktischer Sicht zunächst folgende Unterschiede zum Üben von Kenntnissen festzuhalten

- Das Üben komplexer Fähigkeiten setzt häufig voraus, dass über grundlegende Kenntnisse verfügt werden kann, ohne dass dafür Ressourcen aufgewandt werden müssen.
- Das Üben komplexer Fähigkeiten erfordert es zunächst, das Wesentliche, den Kern Sache verstanden zu haben.
- Dies kann z.B. durch abwechslungsreiche anwendungsnahe Aufgabenstellungen geübt werden, die zunehmend auch Übertragungen auf neue Situationen beinhalten können
- Komplexe Fähigkeiten werden erfolgreicher als Ganzes und nicht in Teilen geübt.
- Zum Aufbau und Erhalt der Übungsmotivation und Übungsmethodik sind erfolgreich zu bewältigende Arbeitsschritte nötig.
- Daher müssen Übungen vor allem am Anfang entsprechend vorstrukturiert werden.
- Am Ende einer vorstrukturierten Phase muss ebenfalls ein direktes Feedback stehen.

---

[17] vgl.: Ein Modell findet sich etwa unter : http://www.learn-line.nrw.de/angebote/oop/medio/theorie/design/uml)

- Das Problem der richtigen Dimensionierung der Übungseinheit erfordert eventuell die Möglichkeit für den Übenden, sich individuell Hilfestellungen beschaffen zu können bzw. die Größe der Einheit selbst zu variieren
- Der Aufbau einer eigenen Übungsstrategie erfordert außerdem die Reflexion des Übungsprozesses

Aus fachdidaktischer Sicht wäre zunächst zu ergänzen, dass handlungsnahe und motivierende Übungsszenarien hier noch verstärkt an Phasen wie Analyse des Problems, Entwickeln eines Lösungsentwurfs, Umsetzung in eine Programmiersprache und Evaluation der Lösung orientieren sollten. Diese Phasen können entweder ganz oder bei großen Projekten teilweise vom Schüler bewältigt werden.

Betrachtet man zudem die zu übenden Inhalte, etwa die Analyse eines gegebenen Problems aus objektorientierter Sicht oder den Entwurf einer geeigneten Klassenhierarchie, so zeigen diese auch im Hinblick auf das geeignete Übungsarrangement eine andere Struktur als die Kenntnisse: Diese Probleme können häufig auf verschiedene Weisen gelöst werden, eine erste Lösung greift daher meist zu kurz. Aus diesem Grund bieten sich hier Partner- oder Gruppenarbeitsformen an. Diese haben zudem den Vorteil, dass hier Hilfestellungen und Feedback zum Teil durch die Gruppenmitglieder übernommen werden. Die Notwendigkeit, Absprachen über die Arbeitsteilung zu treffen, bzw. diese zunächst vorgegeben zu bekommen, verstärkt zudem das Bewusstsein für den Arbeitsprozess und fördert so den Aufbau der eigenen Übungsstrategie.

Geeignete Aufgabenstellungen

...wären also Probleme der Alltagswelt, die mit den Mitteln der objektorientierten Programmierung zu lösen sind. Beispiele hierfür finden sich in der fachdidaktischen Literatur. Im Sinne der obengenannten Anforderungen wäre in die Aufgabenstellungen zunächst eine Phasierung mit Kontrolle und Rückmeldung einzubauen, die später evtl. auch selbst gesteuert werden kann. Dies geschieht in der Regel über die Kontrolle von Teilergebnissen. Eine Möglichkeit dies sowohl realistischer als auch variabler zu gestalten wäre hier vielleicht der Einsatz von Techniken des Projektmanagements. Auch wenn dies vermutlich nur bei sehr großen Aufgaben sinnvoll ist, bietet sich doch hier die Möglichkeit, in regelmäßigen "Teambesprechungen (evtl. auch über E-Learning-Systeme)" sowohl die Ergebnisse zu sichten und zu reflektieren, als auch ggf. Hilfen zu geben, die für den Übenden eben nicht zu leicht zu erreichen sind. Ein weiterer Vorteil bestände darin, dass die Leitung solcher Sitzungen zu einem späteren Zeitpunkt ganz oder teilweise an die Übenden gegeben werden kann.

Medien

Neben dem Rechner können alle geeigneten Visualisierungsformen für die zu übenden Inhalte gewählt werden. Wird tatsächlich in einer Form von Projektarbeit geübt, können z.b. auch Netzpläne oder ähnliches verwendet werden. Dies setzt aber vermutlich ein zu spezielles Vorwissen voraus.

Geeignete Hilfestellungen

Auch hier lassen sich Entwicklungsumgebungen und Visualisierungen oder Beispiele verwenden. Zusätzlich wäre vielleicht die Möglichkeit der Projektbetreuung durch den Lehrer oder auch Gruppenmitglieder zu erwähnen.

Sozialformen

Wie oben bereits erwähnt, bietet sich für das Üben komplexer Inhalte auch die Arbeit in Gruppen an. Daneben sind natürlich auch Einzelarbeiten denkbar und z.B. bei arbeitsteiliger Gruppenarbeit auch notwendig.

16

4. Raster zur Bewertung von Übungsaufgaben und Beispiele

Aus den in den vorangegangenen Kapiteln zusammengetragenen Aussagen zu Übungsformen und -strategien sowie zur Struktur der zu übenden Inhalte wurden Empfehlungen für geeignete Aufgabenstellungen, Sozialformen, verwendbare Medien und Hilfestellungen abgeleitet. Die untenstehende Übersicht soll die so gewonnenen Ergebnisse nochmals zusammenfassen. Die jeweiligen Begründungen für die gewählten Aufgaben etc. sind jeweils in den Klammern angegeben.

	Kenntnisse	komplexe Fähigkeiten
geeignete Aufgabenstellungen	- kurze Programmfragmente ergänzen - Zuordnungsaufgaben (z.B. für Datentypen) - Wissensabfragen/Tests - Entwurf einfacher Klassenhierarchien - Mnemotechiken (kurze, mechanische Übungen, oft wiederholbar, direkte Kontrolle und Rückmeldung möglich, Übungstempo selbst bestimmbar)	- Probleme der Alltagswelt, nach Lernstand und Übungsmethodik strukturiert und abgestuft - Mit Kontrolle und Rückmeldung am Ende einer Phase - Mit Evaluation des Arbeitsprozesses - „Softwareprojekte", die in Projektteams bearbeitet werden können (Motivation durch realistische Handlungsperspektive, Motivation durch positive Rückmeldung bei angemessener Übungsschwierigkeit, individuell variierbar bei arbeitsteiliger Gruppenarbeit, Üben komplexer, fundamentaler Fähigkeiten in abwechslungsreichen Szenarien, Aufbau einer eigenen Übungs- und

		Lernstrategie, perspektivisch Übernahme der Steuerung durch Übende möglich)
für diese einsetzbare Medien	- Rechner mit Übungsprogrammen (Kontrolle und Rückmeldung sind einfach, ebenso Temporegulierung und Variationsmöglichkeiten), - geeignete Visualisierungen, Modelle(Abstraktionsreduktion) - prinzipiell auch andere Medien Lernkarteien, Lernwürfel etc. (gegenständlich, konkret, abwechslungsreich)	- grundsätzlich wie bei Kenntnissen - zusätzlich alle geeigneten Visualisierungsformen Netzpläne oder ähnliches
Möglichkeiten der Hilfestellung	- Entwicklungsumgebungen - geeignete Informationen in Hilfsdateien o.ä. - Visualisierungen: UML, andere Diagramme (Schwierigkeit wird individuell variierbar)	- Wie bei Kenntnissen, zusätzlich - Techniken des Projektmanagements (auch als E-Learning o.ä.) (Aufwand für Informationsanfrage kann dosiert werden: größer als Lernaufwand)
geeignete Sozialformen	- in der Regel Einzelarbeit (individuelles Tempo, mechanische Ausführbarkeit)	- auch in Gruppen (Austausch erlaubt Arbeitsteilung, Individualisierung, objektiveres Bewerten, variationsreicheres Analysieren, zunehmende Selbststeuerung)

Die Übersicht soll im Folgenden zur Beurteilung und ggf. Verbesserung einiger Übungsaufgaben herangezogen werden. Die Aufgaben sind dabei zunächst beliebig. Entscheidend ist vielmehr, ob es mit Hilfe des vorgestellten Rasters gelingt, diese sinnvoll zu beurteilen und ggf. auch Verbesserungsmöglichkeiten aufzuzeigen.

Da es sich bei dieser Übersicht jedoch nicht um eine vollständige Liste von Anforderungen an Übungsaufgaben oder gar um eine Aufzählung aller denkbaren Übungsformen handeln kann, ist der Entwurf von geeigneten Übungsaufgaben weiterhin von der individuellen Lernsituation und der für die Gestaltung aufgewendeten Arbeit abhängig.

5. Beispiel: Üben von Kenntnissen

Beschreibung der Übungsaufgabe:

Die schriftliche Übung zur Einführung in Java in der 11. Jahrgangsstufe findet sich unter www.oberstufeninformatik.de[18]:

Geübt werden Syntax und Methoden. Zu diesem Zweck sollen vor allem Programmfragmente ergänzt oder umgeschrieben werden. Als Medium wird ein Arbeitsblatt verwendet, die Übung wird offensichtlich in Einzelarbeit durchgeführt. Abgestufte, individuell abrufbare Hilfestellungen sind nicht eingeplant.

Bewertung mit Hilfe des Rasters:

Positiv zu bewerten ist, dass die Aufgabenstellung den zu übenden Kenntnissen angemessen ist. Die Aufgaben sind kurz, wiederholbar und in Einzelarbeit erfolgreich und im eigenen Tempo durchführbar. Dass sich die Aufgaben auf einen größeren Programmzusammenhang beziehen (KARA, der programmierbare Maikäfer) erlaubt zudem die Einbettung der Übung in einen Sinnzusammenhang.

Es fehlt jedoch die Möglichkeit zur direkten Kontrolle und Rückmeldung ebenso wie individuell abrufbare Hilfestellungen oder anschauliche Visualisierungen. Damit werden leider die entscheidenden Möglichkeiten zur Motivation des Übenden und letztendlich auch zur Entwicklung einer eigenen Übungskompetenz vergeben.

Verbesserungsmöglichkeiten:

---

[18] Vgl.: http://www.oberstufeninformatik.de/ vom 27.8.2006 und die Materialien im Anhang

Die erwähnten Mängel ließen sich durch die Wahl eines geeigneten Mediums aus der Übersicht beheben.

Direkte Erfolgskontrollen sind sowohl bei Übungsprogrammen als auch bei Lernwürfeln oder Lernkarteien möglich.

Für ein Übungsprogramm spricht hier in besonderem Maße, dass in dieses auch individuelle Hilfestellungen oder Visualisierungen integrierbar wäre. Zudem ließe sich, neben der direkten positiven Rückmeldung, der Bezug zu den Phasen der Schülertätigkeit und die Anschaulichkeit verbessern, wenn die korrigierten Programmfragmente in KARA implementiert würden.

Denkbar ist in diesem Beispiel aber auch, dass die auf dem Arbeitsblatt gelösten Aufgaben anschließend in das Programm implementiert werden. Auch in diesem Fall könnte die Motivation aber noch durch unmittelbarere Erfolgskontrollen gesteigert werden.

6. Beispiel: Üben von komplexen Fähigkeiten

Beschreibung der Übungsaufgabe

Die Übungsaufgabe bezieht sich auf die Klassenbibliothek *Stifte und Mäuse*[19]. Geübt werden sollen Problemanalyse, Entwurf und Implementierung einer Klassenhierarchie – dies entspricht den für objektorientiertes Denken wesentlichen Prinzipien der Abstraktion, Hierarchisierung und Wiederverwendbarkeit.

Die Übungsaufgabe steht am Ende einer einführenden Reihe zu Java. Obwohl es sich um eine komplexe Aufgabe handelt, die erworbenes Wissen im Zusammenhang übt und auf eine neue Aufgabenstellung überträgt, ist der Schwierigkeitsgrad noch begrenzt. Für die Umsetzung des Auftrages „Ein Zug soll über den Bildschirm fahren" genügt eine relativ einfache Klassenhierarchie und Implementierung.

Bewertung mit Hilfe des Rasters

Es handelt sich um eine realistische Problemstellung, die dem zu erwartenden Lernstand angemessen ist. Die Dokumentation der Aufgabe bietet zugleich eine Strukturierung in Phasen und Teilaufgaben. Die Aufgabe lässt sich so entsprechend der fachlichen und

---

[19] www.krumwiede.de/Informatik/SumJava vom 4.9.2006.

übungsmethodischen Kompetenz der Schüler anpassen, insofern entspricht die Aufgabe den beschriebenen Anforderungen.

Das Problem besteht jedoch entweder in der noch fehlenden Detailplanung der Aufgabe: Es fehlen Überlegungen zur Kontrolle und Rückmeldung (wenn nicht durch die gelungene Implementierung gegeben), zur Evaluation der Lösung und des Arbeitsprozesses sowie zu den Möglichkeiten individueller Hilfestellung.

Verbesserungsmöglichkeiten

Im Anschluss an die Übungsphasen sind Kontrollen und Rückmeldungen einzuplanen. Gerade wenn eine Phase nicht erfolgreich bewältigt werden konnte, sollte zudem der Arbeitsprozess reflektiert werden: War der Umfang der Arbeit zu groß, welche Kenntnisse fehlten, wie war die Zeitplanung? In Abhängigkeit von dieser Evaluation sollten die Hilfestellungen individuell geplant werden.

Eine solche fachliche und methodische Evaluation sollte auch für alle Schüler am Ende der Übung stehen.

Methodisch wäre dies bei noch unerfahrenen Gruppen z.B. durch feste Abgabetermine für Teilaufgaben und Evalutionsfragen zu lösen. Die Kontrolle und Ergebnisreflexion kann bei Arbeit im Unterricht im persönlichen Gespräch, bei Arbeit außerhalb des Unterrichts auch über E-Learning-Systeme etc. erfolgen. In jedem Fall sollte dabei der Lernfortschritt für den Schüler auch sichtbar werden. Eine Dokumentation der Auswertungsergebnisse kann z.B. als grafische Darstellung des Anteils der eigenständig erfolgreich bearbeiteten Teilaufgaben gestaltet werden. Diese Darstellung bietet zugleich eine Grundlage für die Reflexion des eigenen Arbeitsprozesses.

Ein solches Vorgehen hat bei der Rückmeldung aber auch den Nachteil, unter Umständen für den Schüler einerseits weniger eindeutig als eine mechanische Rückmeldung, andererseits einengend zu wirken, da die Möglichkeit individuelle Lösungen zu finden unter Umständen eingeschränkt wird.

Wo immer möglich, sollte die Kontrolle also auch über die gelungene Implementierung stattfinden. Bei erfahreneren Schülern (fachlich und übungsmethodisch) wäre zudem eine zunehmende Selbststeuerung und Kontrolle des Arbeitsprozesses möglich.

Literaturverzeichnis

Aebli, Hans: Zwölf Grundformen des Lehrens: eine allgemeine Didaktik auf psychologischer Grundlage. 9.A., Stuttgart 1997.

Greving, H. und Paradis, L.: Üben, Wiederholen und Festigen. Ein Praxishandbuch für die Sekundarstufe I und II, 5. A., Berlin 2003.

Gudjons, Herbert: Intelligentes Üben- Methoden und Strategien. In: LOG IN Nr. 138/139 (2006), S. 14-19.

Gudjons, Herbert: Methoden und Strategien intelligenten Übens. In: Pädagogik 11 (2005). S.12-15.

Heymann, Hans-Werner: Was macht Üben intelligent? In: Pädagogik 11 (2005). S.6-10.

Hubwieser, Peter: Didaktik der Informatik. Grundlagern, Konzepte, Beispiele. 2 A., Berlin 2001.

Humbert, Ludger: Didaktik der Informatik, Wiesbaden 2005.

Kultusministerkonferenz (Hrsg.): http://www.kmk.org./doc/publ/handreich.pdf vom 23.08.2006

Learn-Line NRW(Hrsg): http://www.learn-line.nrw.de/angebote/oop/medio/theorie/design/uml vom 23.08.2006

Meyer, Hilbert und Jank, Werner: Didaktische Modelle, 3. A., Berlin 1994.

Meyer, Hilbert: Was ist guter Unterricht? Berlin 2004.

Pädagogik Heft 11, 2005.

Schubert, Sigrid und Schwill, Andreas: Didaktik der Informatik, Berlin 2004, S.195

Schwill: Fundamentale Ideen der Informatik:
www.informatikdidaktik.de/Forschung/Schriften/ZDM.pdf vom 23.08.2006.

Vester, Frederic: Denken, Lernen, Vergessen. 26. Auflage, München 1999.

Anhang

Übungsaufgabe 1: Üben von Kenntnissen

www.oberstufeninformatik.de vom 27.8.2006

Informatik 11: Einführung in Java Schriftliche Übung

1. Finde jeweils zu den Kara-Bedingungen die negierte Form!

Bed.:	`kara.treeFront() || kara.treeRight()`
neg.:	

Bed.:	`kara.treeFront() && kara.treeRight()`
neg.:	

Bed.:	`kara.treeFront() || !kara.onLeaf()`
neg.:	

Bed.:	`!kara.treeLeft() && kara.treeFront() && !kara.treeRight()`
neg.:	

2. Drücke die auf Deutsch formulierten Anweisungen in der Sprache Java für Kara aus:

   „Wenn vorne kein Baum, aber ein Pilz steht, so gehe einen Schritt vor und drehe nach rechts, sonst gehe einen Schritt nach links, falls dort kein Baum steht."

24

3. Im folgenden Programm sind mehrere Schreib- und Flüchtigkeitsfehler versteckt, die eine erfolgreiche Kompilierung verhindern. Verbessere!

```
4. import roboapp.javakara.JavaKaraProgram;
5. public class SchlampigGeschrieben extends JavaKaraProgram
6. {
7.    einenSchrittWeiter
8.    {
9.     if (!kara.treeFront()
10.            { kara.move(); }
11.     else {
12.            if (!kara treeLeft())
13.                   { kara.turnleft();
14.                     kara.move();
15.                   }
16.            else { kara.turnRight()
17.                     kara.move();
18.                   }
19.            }
20.
21.    protected void myProgram()
22.    {
23.      while (  !(kara.treeFront()  &  kara.treeLeft()  &&
    kara.treeRight()  )
24.         {
25.         einenSchrittWeiter();
26.         }
27.    }
28. }   Ende von SchlampigGeschrieben
```

29. Kara steht auf dem ersten Blatt einer Spur von Kleeblättern (mit Unterbrechungen). Am Ende der Spur steht ein Baum. Kara soll bis zum Baum laufen. Wenn er auf ein Kleeblatt trifft, soll er rechts daneben ein weiteres Kleeblatt ablegen. Benutze zur Lösung eine

Methode *legeRechts()*, die Kara rechts von seiner aktuellen Position ein Kleeblatt ablegen und zurückkehren lässt.

```
30.  import roboapp.javakara.JavaKaraProgram;
31.  public class RechtsDanebenLegen extends JavaKaraProgram
32.  {
33.
34.
35.
36.
37.
38.
39.
40.
41.
42.
43.
44.
45.
46.
47.     protected void myProgram()
48.       {
49.
50.
51.
52.
53.
54.
55.
56.
57.
58.
59.
60.
```

```
61.
62.
63.
64.        }
65. }
```

Übungsaufgabe 2: Üben komplexer Fähigkeiten

[1] www.krumwiede.de/Informatik/SumJava vom 4.9.2006.

Aufgabe Eisenbahn

Ein Zug soll über den Bildschirm fahren.

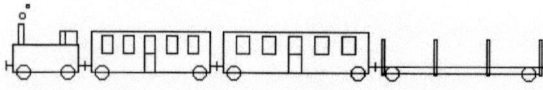

Aufgabe : http://www.krumwiede.de/Informatik/SumJava/script/kapitel3/abschnitt4/eisenbahn/#Aufgabe

Dokumentation der Klasse Waggon :

http://www.krumwiede.de/Informatik/SumJava/script/kapitel3/abschnitt4/eisenbahn/#Waggondoku

Implementation der Klasse Waggon :

http://www.krumwiede.de/Informatik/SumJava/script/kapitel3/abschnitt4/eisenbahn/#Waggon

Implementation der Klasse Personenwagen

http://www.krumwiede.de/Informatik/SumJava/script/kapitel3/abschnitt4/eisenbahn/#Personenwagen

Dokumentation der Klasse SMAnwendung

http://www.krumwiede.de/Informatik/SumJava/script/kapitel3/abschnitt4/eisenbahn/#SMDoku

Implementation der SMAnwendung

http://www.krumwiede.de/Informatik/SumJava/script/kapitel3/abschnitt4/eisenbahn/#SMAnwendung